AF296086

Numéro 94   Octobre 1930

LA BROCHURE MENSUELLE

PARAIT LE 1 DE CHAQUE MOIS

Rédaction et Administration : BIDAULT, 39, Rue de Bretagne, Paris-3ᵉ

Tél. Archives 65-24   Compte Chèques Postaux 239-02

L. BARBEDETTE

FACE A L'ÉTERNITÉ

AVERTISSEMENT

Après des discussions millénaires, la métaphysique, science illusoire par excellence, s'en tient à la paille des mots, sans fournir le moindre grain d'évidence. Pourtant de leur destinée propre, et de celle de l'univers, les hommes ne resteront pas toujours ignorants. D'où viennent notre espèce et notre planète, quel mystérieux devenir les attend? A ces problèmes essentiels, religions et philosophies donnèrent longtemps des solutions dont la crédulité des simples ou la mauvaise foi de pseudo-savants s'accommode seule aujourd'hui. Mais déjà s'annoncent les vérités transcendantes que les positivistes n'attendaient point; elle est détenue par l'expérience et la raison, la clef de l'énigme suprême qui déconcerte l'intelligence des humains. Renonçant aux hochets qui charmèrent son enfance, notre espèce doit enfin comprendre que les illusions, nées de l'orgueil ou de l'intérêt, peuvent faire place à de plus solides espérances. Qu'elle maîtrise les grandes forces cosmiques grâce à la science, qu'elle sème justice et beauté sur terre, qu'elle consente au rôle assigné à dieu, par nos pères, et c'est le salut pour notre globe, peut-être même pour la totalité de l'univers.

L. BARBEDETTE

DANS LES TÉNÈBRES

Devant la mer dont les ondes mouvantes se perdent à l'horizon ou les cimes aux neiges éternelles, devant la verdure sans limite d'une forêt en son printemps, devant l'incommensurable océan du ciel que des myriades d'étoiles éclairent, qui donc échapperait à l'obsession de l'infini. Et qui n'évoquerait des forces terrifiantes, en face des colères implacables d'une nature en délire. Alors jaillit des lèvres le pourquoi éternel que balbutie déjà le tout petit enfant; et, dans son ignorance, l'homme fabrique à sa ressemblance des êtres qualifiés divins. Idoles impuissantes, dont l'oreille est sourde, le cerveau vide, le cœur sans palpitations; il s'en apercevra après d'inutiles prières et de vains sacrifices continués de génération en génération. Mais le pourquoi demeure et, comme au premier jour, l'esprit réclame une explication; aussi des prophètes et des mystiques un cycle se déroule qui conduit aux métaphysiciens, en quête d'un horloger suprême, d'un fabricateur souverain: mannequin de bois dont prêtres et philosophes renouvellent les oripeaux périodiquement.

Chassé par la raison des cerveaux rendus libres, inexistant pour qui observe le monde avec la froide impartialité du savant, il garde pour alliés de nombreux désirs humains: besoin de justice, de lumière, de beauté, et une peur atroce, et le sentiment d'impuissance qui s'emparent de presque tous à de certaines heures. Si la foi périclite, la religiosité demeure, entretenue par la crainte des douleurs sans remèdes, lente agonie de ceux que le vautour de maladies effroyables dévore, monstrueuses difformités dont la nature afflige même des nouveaux-nés, et les mille tortures inventées par les hommes : bagne, reclusion, pénalités sanglantes ou immondes. Puis exsangue, verdâtre, rongée de vers, la mort, visiteuse implacable, fait sourdre au fond des cœurs un désir fou d'immortalité. Les ulcères de l'âme réclament encore le baume d'illusoires espérances, quand déjà notre ignorance ne peut se satisfaire de dogmes mensongers. C'est au sentiment que les religions doivent de subsister, malgré leurs méfaits certains et l'imposture évidente de credo différents; à la peur de tourments infernaux, plus qu'à l'attirance d'un ciel qui n'excite, chez beaucoup, qu'une médiocre envie. Les adorateurs de Jésus seraient peu nom-

breux, sans les menaces implacables dont furent ponctués
les discours qu'on lui attribue. Victimes d'une frayeur
stupide le vieux qu'obsède la crainte de rôtir éternellement,
et l'enfant à qui l'on parle au catéchisme de fourches, de
serpents, d'immersion dans la poix bouillante, et quiconque
tremble de devenir l'hôte de messire Satan. Aussi le
boudhiste qu'épouvantent de pénibles réincarnations, le
serviteur de Jahveh qui craint pour son champ, ses trou-
peaux, sa maison, le fidèle des religions multiples, peu
tendres, en général, pour l'incroyant. Guerres, épidémies,
cataclysmes divers ramènent aux temples les masses qui s'en
détournent; et, pour convertir les individus, rien ne vaut
une maladie, la ruine, des échecs, le désespoir. Nos prêtres
le savent; ils proclament la souffrance désirable, jettent
l'anathème contre le progrès et ne cherchent point à dimi-
nuer la somme des douleurs générales, tant que les foules
menaçantes n'exigent pas de rapides transformations.

À la peur des sentiments moins bas purent se mêler, chez
quelques âmes, surtout dans le passé. Soif ardente de justice, espoir d'une égalité posthume s'ajoutaient, chez l'es-
clave d'Athènes ou de Rome, à une indicible reconnaissance
pour Jésus le messie; l'Eglise n'était pas encore la taverne
infâme où des prêtres politiciens vendent le ciel au plus
offrant. Bonté sans limite, pitié quasi divine à l'égard de
l'universalité des vivants, résignation devant l'inévitable
donnent à certains moines d'Extrême-Orient une grandeur
presque surhumaine; occultistes ou théosophes, que leurs
enseignements inspirent, s'avèrent moralement supérieurs
aux chrétiens qui les environnent. A toutes époques, en
tous pays, les mystiques eurent tendance à faire évanouir le
moi dans l'océan du divin; ils se déprirent d'eux-mêmes
pour s'identifier avec l'absolu. D'où la défiance des théologiens catholiques, à qui la crainte et l'envie semblent, pour
la religion, des bases autrement solides que l'amour désin-
téressé.

Sentiment de justice, affection pour le genre humain se
séparent aujourd'hui de la religiosité; ils s'épanouissent de
préférence loin des cultes et des dogmes; prêtres et dévots
sont leurs adversaires déclarés. Divorce fatal, le masque
d'une prétendue charité ne pouvant cacher indéfiniment
l'égoïsme féroce, inspirateur, chez l'ensemble, du sentiment
religieux. Générosité, sacrifice, héroïsme sont des fleurs
qu'on ne rencontre guère parmi les disciples du crucifié;
mais, parmi les parias qu'ils maudissent, on les cueille à

brassée. L'arbre est mourant qu'était l'Eglise, c'est dans un plant nouveau qu'elle circule, la sève féconde en fruits de surhumanité.

Besoin de vérité, volonté de puissance s'éloignent eux aussi des temples; sciences et techniques , s'avèrent supérieures à la foi comme à la prière. Mordu par un chien enragé, le pieux catholique n'a plus, en Saint Hubert, une confiance assez grande pour négliger le traitement que Pasteur inventa. En conseillant d'agir « comme si Dieu n'existait pas », formule devenue chère aux enjuponnés du Vatican, Ignace de Loyola proclamait la faillite des oremus et sacrements. Si quelques naïfs admettent l'efficacité des prières, c'est qu'oublieux d'innombrables suppliques inutiles, ils retiennent celles-là seulement qui concordent avec une heureuse issue. Coïncidences qu'explique le calcul des probabilités : toute vie comportant des joies entremêlées de peines, des revers suivis de succès, une prière quotidienne suffit à donner l'illusion d'être exaucé de temps en temps. Mais rien d'étonnant que les pontifes préfèrent l'intrigue à l'oraison; ils ont mieux compris que les simples fidèles combien fallacieux le recours à dieu ou à ses saints.

Quant aux élans d'une âme éprise de rêves harmonieux, aux aspirations vers des cieux nouveaux et des terres plus belles, c'est à l'art, non à la religion, de les satisfaire désormais. Chants d'espoir ou psalmodies d'une langueur ineffable, mystérieuse obscurité d'un sanctuaire silencieux ou faste des cérémonies font oublier, à beaucoup, l'absurde logomachie des théologiens. Aux peintres, aux sculpteurs, aux poètes, les mythes chrétiens doivent de garder un semblant de vie; mais déjà l'art religieux n'est, chez nous, qu'un pastiche, une routinière imitation de ce qu'on fit aux époques de foi. Passe-temps de snobs et de décadents, il procure des triomphes faciles, dans les milieux académiques ou mondains; son souffle reste court et son manque de franchise éclate de mille façons. La beauté déserte les églises; ses manifestations les plus divines s'avèrent d'inspiration laïque depuis longtemps.

.•.

Le sentiment religieux paraît vide, chez les chrétiens actuels, de la générosité qu'il comporta quelquefois; loin d'être une synthèse harmonieuse d'inclinations supérieures, il s'affirme un mélange où prédominent les tendances viles de l'esprit. Comme nos sciences positives se détachèrent,

— 5 —

progressivement du tronc inconsistant de l'ancienne métaphysique, ainsi nos aspirations les plus hautes de la religiosité. Intérêt, peur, sottise, continuent par contre de l'alimenter; Eglise et société la cultivent avec soin dans les
jeunes cerveaux, et leur tâche est rendue facile par une
hérédité qui remonte à l'aurore des temps préhistoriques.
Comment s'étonner qu'elle soit lente à mourir, alors que
chefs et prêtres s'emploient de leur mieux à la fortifier.
Et ses réveils s'expliquent sans intervention divine, quand
la raison faiblit ou qu'une immense douleu paralyse la
volonté. Chiendent des âmes, elle affectionne les mentalités
engourdies et les cœurs défaillants; femmes, enfants, malades, esprits arriérés ou ignares constituent son terrain de
prédilection. Mais, disent ses apologistes, comment nier du
moins la vertu moralisatrice du sentiment religieux? Chacun sait que l'école sans dieu fut une invention diabolique,
et les feuilles bien-pensantes, comme les prédicateurs à la
mode, répètent, sur tous les tons, que les chrétiens détiennent le monopole de la vertu.

Hélas! de cette vertu rien ne subsiste, en admettant
qu'elle ait jadis existé. Témoin l'évangélique Albion et
la puritaine Amérique, la bouche pleine du décalogue, mais
les mains prêtes à rançonner le reste du globe, et la catholique Espagne où brigands et courtisanes invoquent la Madone
pour leurs plus mauvais coups. Dans le monde huppé de la
galanterie parisienne, l'incroyance est tenue pour une désagréable infirmité; légendaire aussi l'amoureuse ardeur des
chérubins quittant les jupes des bons Pères; sans oublier
les défloraisons d'impubères, si connues du clergé dans les
pays latins. Autour des chaires chrétiennes et des confessionnaux, à l'ombre surtout des couvents, vices et perversités diverses poussent avec vigueur.

Et l'étude du moyen âge montre qu'à cette époque les
crimes furent plus nombreux qu'aujourd'hui, les mœurs
plus infâmes, la bonté moins répandue, malgré les pratiques
dévotes dont on surchargeait la vie. Prépuce de Jésus, lait
de la Vierge, et autres reliques scatologiques, furent l'objet
d'un culte qui choquerait singulièrement nos modernes
chrétiens. Il est vrai que, par la crudité du langage ou
l'ardente passion de certains récits, la Bible égale, quand
elle ne les dépasse, nos romanciers jugés immoraux. Les
filles de Loth apparaissent fort impudiques; pour appâter
Holopherne, Judith s'offrit sans retenue; l'Esther juive, assez
différente de celle de Racine, conquit Assuérus par des

procédés peu édifiants. L'Eglise même estime le *Cantique des Cantiques* dangereux pour les jeunes gens. Dans l'Inde des bayadères travaillent au service des temples; quelques dieux, chez les anciens, exigeaient l'accouplement en matière d'offrande; connu dès l'époque préhistorique, le culte phallique subsista chez des peuples civilisés, dans l'Egypte des Pharaons par exemple.

Longtemps le prestige sacerdotal resta d'ordre magique et social; malgré les préoccupations morales du judaïsme, puis du christianisme naissant, les prêtres au moyen âge se borneront presque à chasser les diables, distribuer des amulettes et ronronner des orémus. Respect scrupuleux des rites, si fréquent chez les dévots, goût pour les formules sacramentelles, les gestes consacrés, les images saintes, attestent la survivance d'un état d'esprit qui fut général autrefois. Mais l'Eglise a jugé inévitable sa prochaine disparition; pour que les puissants continuent de la croire utile, elle se grime présentement en duègne moralisatrice, dont les préceptes rigides s'adressent au peuple naturellement.

Pontifes et dignitaires ecclésiastiques veulent bien endoctriner le troupeau, lui promettre les gras pâturages du paradis, s'il obéit et se résigne; c'est à condition d'avoir part au gâteau que les privilégiés se réservent ici-bas. D'enseigner la morale ils n'auraient cure, sans les honneurs et les profits qu'assure pareille fonction; aux autres ils réservent les splendeurs du sacrifice, mais voient tout, lorsqu'ils sont en cause, sous l'angle de leur intérêt immédiat. Justice, vérité restent sans importance à leurs yeux. Dès qu'elle paraît gênante, ils traquent cette dernière: pensée libre, recherche indépendante furent étouffées longtemps par les soins de l'Inquisition. Contraints actuellement de composer avec la science, ils la déforment, la fardent, la mutilent, afin de sauvegarder le dogme et les erreurs utiles aux grands; de ce travail aussi se chargent les scribes à leur dévotion. En morale, pareillement, les autorités religieuses modifient leur doctrine au gré du caprice des forts: au dire du clergé, c'était faute grave, sous l'empire, de désobéir à Napoléon; en 1914, à la veille d'effroyables massacres, l'homicide devint parfois légitime, d'après le catéchisme de Paris. Et nos prélats ne s'oublient pas; dans les démocraties, ils condamnent à l'enfer l'électeur qui vote contre leurs candidats. Le pape donne l'exemple; pour conserver la manne dorée de leurs offrandes, il n'est point de licence qu'il n'accorde aux catholiques américains.

Pourtant, malgré cette cuisine, malgré les sauces opposées auxquelles on l'arrange, là religion est un produit de moins en moins réclamé. Des rites et des dogmes variés le déclin s'accélère; la religiosité, leur commune souche, dépérit et meurt; nulle pousse nouvelle n'obtiendra la prodigieuse hauteur des anciens troncs presque desséchés. Agonie lente et qui n'exclut pas des reverdissements passagers; agonie fatale qu'aucun printemps n'enrayera, car un ver est à la racine. Le terme religion subsistera peut-être, désignant des philosophies rationnelles, l'ère des prophètes inspirés d'en haut sera close définitivement; arts, sciences, techniques morales ou utilitaires fourniront, au besoin d'idéal, un aliment très supérieur aux mythes, trop vantés, des religions. Déjà nous sommes loin des vieux pontifes qui rudoyaient les souverains, des croyants qui sacrifiaient fortune et bien-être au désir du ciel; sens du mystère, peur de l'inconnu sont, chez beaucoup, les seuls vestiges d'une religiosité quasi disparue. Elle ne fut pas tuée par la science, la vérité n'étant pas de même ordre que le sentiment; néanmoins les idées ont déteint, à la longue, sur les affections et, pour se satisfaire, les plus hautes inclinations modernes doivent dépasser décalogue et credo des anciens.

Ce que la science a détruit radicalement c'est la foi, la croyance en des affirmations garanties certaines par les théologiens: création, déluge, naissance miraculeuse de Jésus, transsubstantiation eucharistique, etc. Tous les fabuleux récits de la Bible et de l'Evangile rentrent dans ce cas, comme aussi maints dogmes absurdes ayant cours dans l'Eglise romaine. Cosmologie, physique, histoire, philosophie ont quelque chose à dire à leur sujet; sur ce terrain la théologie, quoi qu'on veuille ou quoi qu'on pense, rencontre l'expérience et la raison. Et, dans les heurts de la bataille, les prétendues certitudes religieuses sont tombées en poussière, telles des statuettes de bois vermoulues entièrement.

.·.

Révélation, expériences des mystiques, spéculations des métaphysiciens, voilà les trois sources des vérités dogmatiques proclamées par les prêtres, à des époques et dans des milieux différents. Lorsqu'il s'agit du christianisme, c'est la révélation surtout qui s'affirme féconde. Soit directement, sur le Sinaï par exemple, soit en inspirant prophètes ou écrivains sacrés, soit après s'être incarné dans un corps de chair, dieu aurait fait connaître aux hommes les vérités qu'ils ont à croire, les préceptes qu'ils doivent pratiquer, le culte qui lui agrée. Brahmanistes, bouddhistes, musulmans, spirites, mormons, etc., s'appuient eux aussi sur un ensemble de révélations. Les discordances ne manquent pas, chaque groupe estimant d'ordinaire que, si ses croyances sont bonnes, celles des voisins sont diaboliques; tous néanmoins s'accordent à invoquer, non les lumières de la raison, mais celles d'êtres surnaturels. Ce qui dispense, on le devine, de respecter et le vulgaire bon sens et la simple logique: d'office les contradictions du créateur seront baptisées mystères, puis ses crimes auront pour excuse son incompréhensible sagesse ou les voies secrètes de la providence.

Ancien et Nouveau Testament contiennent les révélations admises par les chrétiens. Supérieure aux livres sacrés des hindous, des persans et des arabes, la Bible juive reste, malgré tout, un ramassis de légendes absurdes autant qu'inhumaines, un long tissu de mensonges et d'obscénités; quelques épisodes délicieux, quelques chants pleins de grandeur n'arrivent pas à compenser la piètre qualité de l'ensemble. Jahveh s'y révèle un monstre orgueilleux, jaloux, que réjouit l'odeur du sang et qui commande de massacrer des peuples entiers, sans excepter les jeunes enfants. Pour un cerveau libre de préjugés, sa lecture scandalise plus qu'elle n'édifie; aussi les papes du moyen âge interdirent-ils la possession de bibles non expurgées; et Rome continue de condamner toute édition dépourvue de notes interprétatives, faisant dire au texte ce que les prêtres catholiques prétendent y trouver. Comme si dieu était trop inhabile pour s'exprimer avec clarté! Maints livres du divin recueil ne sont d'ailleurs, ni des auteurs, ni de l'époque que l'Eglise avait supposés; altérations, remaniements fourmillent dans les copies successives des premiers manuscrits; et, sans vergogne, le croyant attribue à Moïse, à Salomon, à Isaïe, etc., des œuvres écrites longtemps après leur mort.

Parce que plus récents, les Evangiles sont plus lisibles et d'inspiration moins inhumaine; mais leur valeur historique est infime, nulle même au dire de savants consciencieux. Aucun n'a pour auteur soit un témoin, soit un contemporain de Jésus; celui de Marc, le plus ancien, ne serait pas antérieur aux derniers lustres du premier siècle; ni Matthieu, ni le Pseudo-Jean, mystique asiate bien postérieur, ne furent les apôtres de même nom; Luc déclare qu'il s'inspire de récits composés avant lui. Maints prêtres quittent l'Eglise, et ce sont les plus courageux, les plus instruits, quand des recherches ardues leur ont fait connaître les résultats de l'exégèse contemp..maine; des ignorants seuls s'en étonneront.

L'idéale figure . Christ n'aurait-elle existé que dans la conscience de ses premiers adorateurs? Il est du moins hors de doute que le Jésus de l'Ecriture ne saurait s'identifier avec le Jésus de l'histoire, obscur juif que tous ses contemporains ignorent et dont Paul même ne parle jamais comme d'un homme de chair. Des écrits apocryphes, des faux, voilà sur quoi repose l'orgueilleux édifice de la théologie chrétienne. Et, l'islamisme excepté, ainsi que de petites sectes nouvelles, c'est sur des bases historiques d'une fragilité pareille que s'appuient toutes les religions. Aussi les preuves d'une céleste révélation sont-elles cherchées de préférence, à noter époque, dans les miracles et les prophéties, dont chaque église qui se respecte prétend détenir une collection. Ces arguments tangibles conviennent aux esprits devenus positifs.

Mais n'est-il pas étrange que des religions, qui mutuellement s'excommunient, soient favorisées de miracles également divins? Fait indéniable, les thaumaturges chrétiens font piteuse mine à côté des fakirs hindous, des lamas du Thibet ou des derviches musulmans. Au concours de prodiges, la palme reviendrait à l'Orient; en Europe même, Thérèse de Lisieux, le curé d'Ars et autres saints catholiques seraient battus par le zouave Jacob, le père Antoine, la légion grossissante des médiums réputés. Mesquines les guérisons de Lourdes, à côté de celles qu'Esculape fit autrefois à Epidaure ou qu'opéra le diacre Pâris ou que la Christian-Science affirme réaliser tous les jours. Et, de ses propres miracles, chaque religion prétend conclure qu'elle est la meilleure, la seule bonne, disent la catholique et la musulmane, car dieu tromperait les hommes, encouragerait l'erreur, s'il favorisait des croyances fausses ou un culte qui ne lui plaît pas. Dès lors combien gênantes les merveilles dont se targuent, à bon droit, les voisines, et Satan, l esprit du mal, devient prodigieusement utile pour tirer chacun d'embarras. Mais il singe dieu si parfaitement, qu'en matière de prodiges, les divers clergés se réservent de séparer le diabolique du divin; regrettons toutefois qu'ils négligent d'accorder leurs violons, l'un affirmant très saint, ce que l'autre proclame satanique.

Avec les théosophes, croyants d'esprit plus large, dirons-nous que les religions sont comparables à des langues, dont les sonorités différentes s'appliquent aux mêmes objets? Peu sensible aux contradictions de préceptes et de dogmes opposés, avide seulement d'adorations et de prières, dieu verrait-il d'un œil également favorable rites et cultes variés? Hélas, il en faut rabattre! Des médecins athées, des psychiâtres mécréants, des adversaires de dieu comme du diable, sont en passe de supplanter les faiseurs de miracles que les églises ont approuvés. Maladies nerveuses et même organiques relèvent de l'imagination: une émotion violente remplace avantageusement la foi pour la guérison des paralytiques; Charcot, Coué, bien d'autres durent, à maintes reprises, rendre jalouse l'Immaculée; et l'on s'aperçoit que des plaies, des lésions, les tumeurs de la peau appelées verrues disparaissent sous la seule influence de l'idée. Ce que nos pères déclaraient miracle s'avère parfois très naturel aux yeux des modernes chrétiens, telles les possessions démoniaques, les extases célestes et ces multiples manifestations hystériques auxquelles tant de saintes durent une canonisation glorieuse, tant de sorciers une mort effroyable.

L'action divine recule dans la mesure où progressent nos sciences expérimentales; elles datent d'hier, et déja le prêtre se demande, angoissé, quels phénomènes mal expliqués lui permettront, demain, de crier au miracle. Ils deviennent paresseux, impotents, Jahveh, son fils Jésus et les autres dieux, jadis pimpants et actifs, du moins on l'assure. Par bonheur, les prodiges sont de ces pièces rares, mais non introuvables, qu'un artiste habile peut toujours imiter; et l'adresse sacerdotale s'est révélée prestigieuse, à toute époque, dans cette industrie-là. Délicieux le miracle de Saint Janvier que des chanoines napolitains provoquent à volonté; aussi le cas de Joseph Rivière, guéri à Lourdes en 1876, lors du pélerinage d'Angers, et qui, plus tard, avoua devant un tribunal, n'avoir été qu'un imposteur. Célébré par de pieux journaux, porté en triomphe par des croyants en délire, il avait reçu une publique accolade de l'évêque Freppel. Tout récemment, une miraculée de Gien, guérie à Lourdes d'une tuberculose assez grave, affirmaient les certificats médicaux, vient d'ê're judiciairement reconnue atteinte d'un tout autre mal: un besoin fou d'exhibition. Hélas! la crédulité est exclue des maladies que soulagent grandes ou petites Notre-Dame.

Les prophéties, autre preuve que la religion est divine d'après les théologiens, ne mériteraient pas d'être discutées, ruses grossières en général, attrape-nigauds qui impressionnent toujours le populaire, elles permirent à des charlatans innombrables de se dire inspirés d'en haut. Mêlant les époques, brouillant ce qui suit avec ce qui précède, ne précisant noms, lieux, ni dates, les prophètes d'Israël, comme celui de Pathmos ou Nostradamus, sont restés assez fuyants et assez vagues pour n'éprouver nul embarras, quoi qu'il arrive. D'avance leur ambiguïté voulue légitime toutes les interprétations; c'est chose plaisante de comparer les sens contradictoires, donnés aux vieux oracles de la Bible ou aux visions de Saint Jean par les Pères et Docteurs de l'Eglise. Ajoutons que d'habiles faussaires surent compléter avec bonheur des textes trop peu parlants; ils fabriquèrent des prophéties qui n'étaient que des souvenirs. L'évènement accompli, on prêta au premier Isaïe l'annonce de la prise de Babylone par Cyrus; le livre de Daniel, entièrement frauduleux, fut écrit vers le milieu du second siècle avant notre ère, mais l'encre du premier manuscrit était à peine sèche qu'on le vieillit de quatre cents ans; Jérusalem était prise et son temple détruit quand Marc rédigea son Evangile, on conçoit qu'il fit prédire ces malheurs par Jésus sans craindre aucun démenti. Ce qui n'est qu'histoire ancienne passe aisément pour prophéties; de toutes les prédictions, il appert même que ce sont les seules claires.

Certains inspirés catholiques connurent néanmoins des déboires fameux: Saint Bernard, prêchant la seconde croisade, ayait promis la victoire alors que l'issue fut lamentable. Pour relever son prestige amoindri, de subtils théologiens démontrèrent qu'une prophétie véridique pouvait être démentie par les faits; c'était le cas paraît-il. N'admet-on pas dans l'Eglise, tout ensemble, que les hommes restent libres et que dieu sait d'avance ce qu'ils feront; que nous allons volontairement au ciel ou chez le diable, mais que damnation et salut final sont connus du très-haut, dès avant la naissance? Flagrante contradiction, que les prêtres se bornent à ranger parmi les mystères inaccessibles à notre intellect: solution facile et qui coûte peu! Il serait cruel d'insister sur la déconvenue des saintes et des devineresses, lors de la guerre de 1914. Pareille mésaventure arriva au curé d'Ars concernant Emile Combes, cet émissaire de Satan; d'abord persécuteur de l'Eglise, il devait se convertir par la suite, assurait le saint. Or Combes lui joua ce mauvais tour de ne se convertir jamais; du même coup, j'en suis sûr, on oublia la prophétie dans les séminaires, où si longtemps elle alimenta de dévotes conversations. Car on néglige l'énorme masse des prédictions reconnues fausses, pour monter en épingle quelques coïncidences heureuses, dont le calcul des probabilités rend compte parfaitement.

Les choses déjà existantes, au moins dans leurs causes cachées, s'avèrent prévisibles: éclipses, maladies, crises économiques, conséquences d'une éducation ou d'un caractère rentrent dans ce cas; nos sciences sont prophétiques, elles permettent de dire ce qui sera, en vertu du déterminisme. Faible en météorologie, en psychologie, en sociologie, dans les branches du savoir très jeunes et très compliquées, la prescience humaine égale déjà ou presque celle que les métaphysiciens attribuent au créateur, dans maints cantons de l'astronomie, de la physique, de la médecine. Et, dans l'art des conjectures divinatrices, certains esprits pénétrants aboutissent à des résultats qui, pour un ingénu, frisent le prodige.

Peut-être des fluides nerveux agissant de cerveau à cerveau, à la manière d'ondes électriques, engendrent-ils, de leur côté, ces pressentiments qui nous avertissent de joies ou de malheurs en gestation; là encore le prêtre abuse de notre ignorance, pour faire croire à une intervention du tout-puissant. Ni dieu ni l'âme ne sont utiles pour expliquer les prévisions, souvent démenties, qui sourdent en notre esprit après un silencieux travail de l'inconscient.

Miracles et prophéties nous conduisent à parler des mystiques, explorateurs attitrés de l'au-delà. Palper dieu, jouir au fond du cœur de son intime présence, s'unir à lui directement, sans le secours d'une dialectique intellectuelle trop lente, reste l'éternel rêve des ascètes chrétiens ou musulmans; déjà il fut celui des grands initiés d'Egypte et de Grèce. S'identifier avec l'absolu par la voie de l'extase, dans un total oubli du moi, c'était le désir de Plotin comme de Sainte Thérèse. Emporté par d'invisibles vagues, libéré du temps, l'esprit plonge dans un océan de délices ineffables, une force immense, une vie plus haute le pénètre et l'illumine, pendant que le corps s'anime de mouvements convulsifs ou qu'il s'immobilise dans une rigidité parente de la mort.

A ces phénomènes de rares sujets sont prédisposés par tempérament; presque tous doivent s'entraîner au préalable, selon des méthodes qui varient, en apparence du moins.

Le fakir regarde obstinément un point immobile; le moine chrétien médite dans le silence d'un oratoire; le derviche s'abandonne au rythme de cris ou de gestes sacrés. Mais jeunes, veilles, macérations, habitude de la concentration mentale sont en honneur chez les mystiques de Lhassa, de Dehli ou de Constantinople, comme chez ceux de Rome, pour affaiblir le corps physique et dynamiser le cerveau; l'emploi du hachisch, de stupéfiants, certaines violences physiques, qui donnent des résultats rapides, sont estimés dangereux par les occidentaux.

D'étroits rapports relient, d'ordinaire, mysticisme et troubles sexuels ou nerveux; les grandes amoureuses deviennent aisément de grandes extatiques, et le délire érotique est parfois très voisin du délire religieux. Thérèse d'Avila fut hystérique, de l'aveu d'auteurs croyants; pour Marie Alacoque, le Sacré Cœur fut un galant en imagination; Catherine de Sienne crut téter la Vierge, et son confesseur la vit miraculeusement transformée en homme. Grands thaumaturges et saintes visionnaires se révèlent, par maints détails, pervertis sexuels ou déséquilibrés mentaux. L'Eglise refuse d'en convenir, naturellement; mais en pratique elle s'en défie, du moins tant qu'ils vivent, redoutant de scabreuses volte-face, chez beaucoup, et les soupçonnant tous de panthéisme et d'hérésie. Non sans raison, car les plus orthodoxes, dès qu'ils sont sincères, parlent d'un dieu impersonnel et ineffable, cousin ou presque de la primordiale substance des athées. Sous la diversité des symboles et du langage théologique, se retrouve, chez les mystiques de toutes religions, un panthéisme à peine voilé. Leurs expériences cadrent mal avec les dogmes rigides du catholicisme romain; elles s'accommodent mieux du protestantisme, de la religion musulmane, surtout du bouddhisme, mais poussent, en définitive, à négliger rites et crédo. Est-ce l'identité des troubles organiques qui provoque l'identité des états mentaux? La chose paraît sûre; bénigne ou grave, c'est du médecin, non du prêtre, que relève la maladie des inspirés; tout démontre qu'ils sont victimes d'une altération de l'esprit naturelle ou provoquée.

La masse des visionnaires s'arrête aux hallucinations courantes, films déroulés dans l'imaginative par un cerveau surexcité: l'un contemple Vichnou dans ses avatars, l'autre Jésus durant sa passion, un troisième reçoit la visite de Mahomet ou du Bouddha. Faiblesse organique, candide ignorance, nervosité maladive favorisent ces apparitions

dévotes; les pucelles y sont très sujettes, quand vient
l'âge de la puberté, témoin Bernadette et d'autres connues
de tous les croyants. Idées familières, préoccupations courantes du milieu et du sujet caractérisent de pareilles constructions imaginatives qui, à l'instar des rêves, ne mani-
festent que le contenu de l'inconscient. La sincérité du
voyant s'affirme indéniable, quelquefois; des milliers et
des milliers de sorcières soutinrent, au péril de leur vie,
qu'elles voyageaient à califourchon sur un manche à balai.
Une drogue identique et les croyances de l'époque suffisaient
à faire naître, chez beaucoup, des hallucinations concor-
dantes. Excusons nos pères d'avoir accepté pour vraies les
folles divagations des habitués du sabbat; mais dénonçons
les contemporains qui, par ignorance ou mauvaise foi
exploitent la crédulité populaire sous prétexte de célestes
apparitions.

.·.

VERS LA LUMIÈRE

Fables de la révélation, chimères du mysticisme parurent
insuffisantes, dès que l'humanité, sortie de la prime enfance,
apprécia mieux la haute valeur de la raison. Alors fleurit la
théologie, fausse science qui introduisait un peu de logique
dans le fatras des mythes sacrés: aux plus insignifiantes
pensées on découvrit un sens profond; légendes sangui-
naires ou libertines se muèrent en symboles mystérieux;
la cause unique des contradictions apparentes, c'était la
faiblesse de nos esprits bornés. Ne jugeons point dieu à
notre aune, disaient les prêtres sous mille formes, devant
les monstrueuses erreurs des livres saints; et, pour que leur
enseignement n'apparut plus contraire à la raison, ils codi-
fièrent dans un décalogue les préceptes d'apparence utile,
dans un credo d'allure sensée les dogmes fondamentaux.

Périodiquement, d'adroits pontifes revisent les textes avec
discrétion: d'anciennes formules reçoivent un sens inédit;
des croyances nouvelles surgissent, et d'autres, passées de
mode, gagnent le magasin des antiquailles ou le musée
fermé des mystères. Un badigeon rationaliste procure, au
bois pourri des dogmes, un air de solidité qui inspire confiance aux chalands. Mais si les peintres ont le travail facile
avec une religion peu spéculative comme la musulmane ou

libérale comme la protestante, ils se lassent sans profit lorsqu'une autorité centrale émet des oracles infaillibles et parle au nom d'un dieu omniscient. A ces ruses de bambin, les grands esprits ne se laissèrent point prendre; c'est de l'intelligence seule que les philosophes d'Athènes espéraient une réponse aux suprêmes pourquoi de toute existence. D'où la métaphysique, guidée dans la nuit sombre de l'au-delà par le quinteux falot de la raison.

Proche de la religion parfois, au point d'en paraître un décalque abstrait, une forme refroidie, elle s'affirme, dans d'autres cas, son irréductible ennemie. Comme les mythes construits par l'imaginative, comme les révélations inspirées par le sentiment, elle garde, mais à un degré moindre, un aspect subjectif bien marqué. Dans les ténèbres, chacun peut supposer ce qu'il redoute ou ce qu'il désire; de même en métaphysique. Art géniteur de transcendantes chimères, elle vise à l'harmonie plus qu'à la vérité, et nombre de ses demeures sont pareillement belles, quoique bâties dans un style opposé. Néanmoins c'est à la réflexion rationnelle, aux déductions logiques, qu'elle emprunte les matériaux dont elle use et le ciment de ses constructions. Aussi, suspects aux chefs et aux prêtres, ses palais mêmes voient-ils souvent condamner leurs portes, par mesure d'hygiène assure-t-on; et des bazars peu solides, placés sous le contrôle des autorités, s'ouvrent à destination des gens sans abri. Porches ou annexes des églises, leur rôle est d'attirer les fidèles qui s'éloignent, indifférents ou hostiles. Dans des niches qualifiées métaphysiques, les pantins habituels de la théologie: dieu, l'âme, etc., s'offrent attifés de vêtements philosophiques.

Si les autorités religieuses ne badinèrent jamais avec l'impiété notoire, si, en matière dogmatique, elles exigèrent de tous une obéissance aveugle, par contre elles admirent que les dialecticiens s'amusent à discuter des problèmes inutiles et que les ontologistes se procurent les hauts-de-chausse qui leur seyaient le mieux. Entraves et brides ne durent, lorsqu'elles sont courtes à l'excès; fournir aux cerveaux des passe-temps anodins s'avère autrement habile que leur prescrire un complet repos. Rigide en théologie, l'Eglise a voulu qu'en métaphysique, jeux et combats fussent permis, dans les limites par elle assignées.

Sans changer la figure de la foi, du moins au dire des catholiques, elle s'efforce de la rajeunir; et comme la vieille est ratatinée, velue, couverte de rides, des pâtes, et des onguents nouveaux sont souvent essayés. Qu'importe leur origine, pourvu qu'on obtienne l'effet espéré! En général ils sortent d'officines philosophiques, des métaphysiciens en sont les inventeurs; apologistes et docteurs ecclésiastiques se bornent à choisir la recette opportune, puis à l'appliquer. Platonicienne avec Saint Augustin et les premiers Pères, l'Eglise, poussée par Saint Thomas, se convertit plus tard aux théories d'Aristote, qu'elle avait d'abord condamnées; sans avoir confiance en Descartes, elle utilisa ses idées, au XVIIe et XVIIIe siècles, pour combattre les incroyants; même jeu hypocrite, tout récemment, avec la philosophie que Bergson mit à la mode: ses livres furent interdits aux fidèles, mais servirent d'appât aux pêcheurs catholiques, pour prendre les goujons libres penseurs.

Un essai de restauration thomiste, tenté par des larbins à la solde de Rome, s'est effondré malgré l'appui des salons, des boudoirs et des académies; pastiche maladroit d'une scolastique idiote, il n'a bâti qu'une masure sans ampleur ni solidité; par contre, il a montré jusqu'où peuvent descendre sottise et mauvaise foi chez des croyants faisandés. Avec raison les penseurs se détournent des hypothèses, aux bases d'argile, que l'on édifie dans le vide, sans jamais recourir au contrôle expérimental. En situant son objet par delà les données sensibles, la métaphysique rend possibles toutes les divagations; sur un pays que personne ne visitera jamais, chacun fournit, à son gré, des renseignements fantaisistes, insoucieux des démentis.

Voilà pourquoi Bergson et son école furent si fortement soutenus, lorsqu'ils tentèrent le sauvetage des croyances traditionnelles; malgré les syllogismes de Thomas, elles sombraient dans le discrédit. Ils parlèrent d'une métaphysique expérimentale, plus profonde que la science et qui permettrait d'atteindre au cœur même du réel. Essentiellement pratique, l'intelligence humaine n'aurait pas pour but la connaissance désintéressée; inapte à comprendre la vie, elle serait à l'aise parmi les solides et triompherait dans les recherches géométriques ou la fabrication d'instruments.

Science et langage, ses créations, ne saisissent et ne traduisent que la surface, le dehors des choses ou de l'esprit, nullement la continuité imprécise de la trame sans coupure qui constitue leur devenir. Brisant la croûte superficielle des états d'âme solidifiés, nous arriverions, par un pénible effort d'intuition, à contempler l'intimité secrète, les pulsations originelles du moi comme de la matière. Jaillissement ininterrompu, harmonieuse fusion de l'ensemble, spontanéité, contingence caractériseraient la vie psychologique non déformée par les habitudes spatiales et les nécessités de l'action. Un tourbillon de couleurs mouvantes, aux nuances innombrables, des objets aux contours indécis, des sons inséparables de la totalité rythmique dont ils font partie, voilà ce que percevraient nos sens vierges de préoccupations utilitaires, nos oreilles, nos yeux libérés des tendances pratiques qui prêtent au réel un aspect qu'il n'a pas.

Malheureusement Bergson et quelques snobs furent seuls à pénétrer dans ce monde inconnu; ce qu'ils en dirent resta d'une brièveté déconcertante, le langage ne parvenant pas à rendre un spectacle ineffable manifestement. Et, malgré les anathèmes qui pleuvaient de toute part, la science ne ralentit pas ses progrès; la raison continua son œuvre critique. D'inutiles discours, aux vêtements très poétiques, telle fut l'impression que laissèrent les écrits des nouveaux métaphysiciens.

Plus accessibles aux esprits ordinaires, James et ses disciples demandèrent à des expériences d'un autre ordre leurs renseignements sur l'au-delà. Phénomènes mystiques, recherches des spirites, faits de médiumnité, tout ce dont la métapsychie s'occupe, voilà, déclaraient-ils, le véritable champ de l'expérience philosophique. Ils espéraient, les naïfs, fournir une démonstration scientifique, et de la survie des âmes, et de l'existence d'une conscience plus vaste, le bon dieu des croyants. En Swedenborg et Fechner, ils avaient eu des devanciers; sans parler des spirites, occultistes et théosophes qui, tous, prétendent que leurs idées transcendantes sont vérifiables expérimentalement.

On sait qu'à notre époque, les communications avec l'autre monde sont d'une incroyable facilité; tables tournantes, écriture automatique, voyantes extralucides, cent inventions admirables permettent de converser quotidiennement avec les morts; grâce à l'ectoplasme, ces derniers arrivent à prendre forme humaine et se laissent photographier, mais plus rarement et dans une pièce *ad hoc*, cela se devine. Une religion des esprits s'est fondée, dont Allan Kardec fut le prophète, non l'inventeur; l'Antoïnisme, né en Belgique, paraît sa succursale populaire. Mystères d'Egypte et de la sorcellerie, envoûtements, cartomancie, chiromancie, etc., ressuscitèrent sans retard; magie, cabale, astrologie, et l'art de séparer le corps astral du corps physique trouvèrent, parmi les occultistes, des partisans déclarés; la théosophie, mélange d'idées chrétiennes et bouddhistes, exerça une influence moralisatrice qui assura son succès.

Hélas! ces expériences métaphysiques ont échoué de toute évidence; c'est à un effondrement qu'elles aboutissent, loin d'établir de façon scientifique l'existence de l'au-delà. A côté de bouffonneries sans nom ou d'adroites supercheries, il y a place pour des faits curieux: mouvements des tables, lecture de pensée, phénomènes télépathiques, etc. Mais ils s'expliquent sans recourir ni à l'âme ni à dieu; les énergies corporelles y suffisent et, si quelque obscurité parfois demeure, la cause en est dans notre ignorance, encore grande, des forces émises par le cerveau. Déjà la psychologie démontre que les messages d'outre-tombe émanent des vivants; l'inconscient du médium les engendre, ils en reflètent les connaissances et les désirs. Une télégraphie sans fil nerveuse, la télépathie n'est rien d'autre; et des personnes entraînées, n'invoquant point les esprits, opèrent la lecture de pensée grâce aux réactions organiques, inaperçues en général, mais qui accompagnent toute idée. Une aiguille, mue par un courant qui traverse le corps, décèle les plus secrètes émotions; et l'on peut mesurer très exactement la force, imprimée par les assistants, à la table que soulèvent de prétendus trépassés. Bientôt la science achèvera d'expliquer les phénomènes mal étudiés qui devaient confondre les incroyants; dès aujourd'hui il appert qu'ils n'ont rien de surnaturel, rien qui relève de volontés extraterrestres.

C'est à la science positive, soutenue par l'expérience ordinaire et par la raison, qu'il appartient de s'élever à des vues générales sur la destinée de notre espèce, sur la cause et la fin de notre univers. Sous les images enchevêtrées de la perception sensible, l'idée creuse les rapports qui conditionnent, les ressorts cachés qui font mouvoir; dépassant le relativisme des apparences, nous arrivons donc à comprendre l'orientation réelle, la nature profonde des éléments que nos formules associent. Et nous parvenons à des hypothèses d'ensemble, qui rendent le monde intelligible et répondent aux pourquoi posés par les métaphysiciens. Mais, dans un travail de ce genre, le respect des principes rationnels est requis impérieusement; pour dépasser la science, il importe de rester fidèle à son esprit, à sa méthode.

Ce qui nous oblige à écarter la croyance biblique en un dieu créateur. Si « tout a une cause », impossible, en bonne

logique, de conclure de ce principe que le monde doit en
avoir une, mais que dieu n'en a pas! Et pourquoi le second
aurait-il sa cause en lui-même, alors qu'on gratifie le premier d'un tout-puissant créateur? L'universelle causalité
exige un devenir sans fin, un enchaînement jamais inter-
rompu de causes et d'effets. S'arrêter arbitrairement dans la
série des antécédents, n'est qu'un aveu d'ignorance; parler
de dieu, de création, termes dépourvus de sens ou remplis
de contradictions, c'est prendre la paille des mots pour le
grain des choses, c'est remplacer une explication impossible
par un vocable sonore. Non moins ridicules et impuissantes
les autres preuves de l'existence d'un dieu souverain.

Un lourd sophisme l'argument ontologique. L'idée de
parfait implique l'existence nécessairement, dit-on, comme
un triangle suppose trois angles par définition; donc dieu
existe, puisqu'il est conçu parfait. Sans vergogne l'on passe
de l'ordre idéal à l'ordre réel, oubliant que le triangle et
ses trois angles, parfois, n'existent que dans le cerveau qui
les imagine. Une montagne suppose des vallées, mais,
pour que soient réelles les secondes, la première doit l'être
d'abord.

Que vaut cette finalité de l'univers, si propre aux grands
mouvements oratoires et qui fait croire, aux naïfs, qu'un
être intelligent en est l'auteur? Elle ne paraît certaine
qu'aux ignorants; c'est une vierge stérile que la science
élimine, non sans raison. Pure logomachie de disserter sur
les buts de la foudre; pour en écarter les effets, il importe
et suffit d'en connaître les antécédents. En biologie même,
la finalité des organes semble illusoire. Prêter des intentions
à la nature paraît un reste de l'animisme ancestral, c'est
une extension au monde physique d'un principe valable
seulement dans le domaine de l'activité mentale. Pourquoi
nos habits, nos horloges? La réponse est aisée; ces produits
de notre industrie visent un but, satisfont un besoin.
Pourquoi tant de soleils éclairent-ils des planètes infertiles,
pourquoi des bolides errant sans fin, pourquoi telle cre-
vasse, pourquoi tel torrent? L'esprit n'en peut découvrir le
dessein. Puis une nature qui jette le faible en pâture au
fort, et ne prodigue les germes que pour multiplier les victimes, ne saurait avoir qu'un monstre pour auteur. Or cette
sanglante harmonie, cette finalité cruelle seraient celles de
notre univers, si l'on voulait à tout prix qu'un artisan habile
en soit l'organisateur.

Quant aux preuves dites morales: croyance universelle,. témoignage des grands hommes, besoin d'un juge suprême, elles sont piteuses incroyablement. Un seul a parfois raison contre l'ensemble, ce fut le cas de Galilée; simple addition de jugements particuliers, l'opinion collective vaut, en définitive, ce que valent les sentiments des individus. Mais, génial en musique ou en chimie, un homme peut être au-dessous du médiocre en philosophie, ainsi Gounod et Pasteur; sciences et arts sont aussi distincts de la théodicée que la peinture de la cuisine ou le droit de l'architecture. Enfin ciel et enfer furent des anesthésiants, à l'usage des femmes et des travailleurs; si un suprême juge existait pour les hommes, il devrait pareillement songer aux animaux.

Poubelle métaphysique où l'on jette au petit bonheur d'innombrables contradictions, dieu est un produit de l'imaginative, non le fabricateur des mondes qu'ont tant redouté nos pères. Cœur féroce s'il existait, les tortures effrayables réservées aux hommes, les atroces douleurs connues de la totalité des vivants le démontreraient trop hélas! il a pour suprême excuse de n'être pas. Une tendance primitive, que l'on retrouve chez le sauvage et chez l'enfant, conduisit nos ancêtres à peupler les objets d'esprits identiques à ceux des humains: on sait les colères du bambin contre tables ou commodes qui l'ont blessé volontairement, à ce qu'il croit. De là naquirent les esprits mauvais ou bons, puis les dieux petits et grands, conçus à l'image de chefs plus ou moins puissants. Par désir de simplification, on aboutit à l'idée d'un dieu unique, roi des rois, maître absolu, et sur terre et dans les cieux. D'innombrables retouches, des coups de pinceau donnés de temps en temps assurent, depuis, un air toujours jeune au manitou des métaphysiciens.

Et ce dieu, que nos contemporains rafistolent avec peine, serait pourtant créateur! On oublie qu'il est absurde de vouloir tirer quelque chose de rien; car le néant, ce qui n'est pas en d'autres termes, ne saurait obéir au tout-puissant, pas plus qu'à personne, sans manifeste contradiction. Si dieu est acte pur, comme le répètent ses adorateurs, s'il n'est point de moments successifs dans ses vouloirs ni ses pensées, s'il demeure dans un présent continuel, la création dans le temps paraît, de ce point de vue encore, une manifeste impossibilité. En effet, l'avant et l'après de la création introduisent en lui des actes successifs; quoi qu'on veuille, son immutabilité s'évanouit. Mais, habitués que nous sommes à voir le plein remplacer le vide, des objets introduits dans

nos meubles, du liquide dans nos verres, nous imaginons
un réceptacle immense, et depuis toujours existant, où
terres et soleils seraient brusquement apparus.

Notre néant n'est pas le rien que les métaphysiciens sup-
posent, c'est encore de l'espace, mais dépouillé des qualités
sensibles qui d'ordinaire l'accompagnent. Car invincible-
ment nous pensons que l'espace fut toujours, un espace
sans limites, dans l'étendue comme dans la durée, qui,
par delà toutes les nébuleuses, continue indéfiniment.
Pourquoi ne point supposer éternels comme lui, non dans
leurs formes mais dans leurs éléments, les multiples corps
dont il est rempli? Quel droit d'antériorité le néant aurait-
il donc sur l'être? Rien ne légitime la prééminence que le
créationisme accorde à qui n'est pas sur ce qui est. Jamais
le néant ne fut, voilà ce qu'affirme la raison; si formes et
modalités des corps changent, leurs composants ne se perdent ni ne se créent, au sens véritable: ils ont pour eux
l'éternité. Mais, dira-t-on, dans la notion d'éternité quelque
chose déroute l'esprit et le fait vaciller; c'est l'éclair fulgu-
rant que nul œil ne supporte, un vin trop capiteux pour des
lèvres humaines.

∴

Qu'il s'agisse de l'éternité de dieu ou de celle du monde,
la difficulté reste aussi grande; inutile par conséquent de
la réserver au premier. Vue sous l'aspect négatif, l'éternité
se définit une absence de succession; au sens positif, elle
est un présent qui demeure immobile, un instant qui ne
s'écoule jamais. Dans les deux cas, elle ne se conçoit qu'en
fonction du temps; sans le vouloir, le métaphysicien, se
rapproche de l'homme ordinaire, pour qui l'éternité c'est
encore le temps, mais un temps dont il recule à l'infini et
le point de départ et le point d'arrivée. Une telle notion,
sous sa forme soit savante soit populaire, est manifestement
calquée sur celle d'étendue.

Milieu vide, homogène, divisible à l'infini, l'espace géo-
métrique résulte du labeur collectif des mathématiciens; il
ne peut se confondre avec l'étendue visuelle et tactile où
s'étalent nos sensations. De même la durée concrète diffère
profondément du temps abstrait. Pleine, mobile, faite
d'états sans cesse changeants, la durée concrète c'est notre
vie consciente, l'écoulement continu de nos phénomènes
intérieurs. A l'inverse, le temps utilisé dans la vie sociale,
et mesuré par des instruments, semble un réceptacle vide,

modelé sur l'espace et, comme lui, homogène, illimité, divisible à l'infini. Les mouvements des astres et ceux de nos horloges permettent de l'évaluer de façon uniforme: heures, minutes, etc., étant représentées, dans le dernier cas, par la marche ininterrompue d'aiguilles qui font le tour d'un cadran. Sorte d'espace à dimension unique, le temps serait analogue à une droite qui se prolonge à l'infini, et que l'on décompose en instants comparables aux points inétendus de la géométrie. Mais la durée concrète est seule primitive; seule, elle est connue de l'animal et de l'enfant nouveau-né. Produit de l'activité mentale, le temps abstrait ne saurait prétendre à fournir une image adéquate de la réalité.

Pourtant c'est au prisme, qu'il interpose entre le monde et nos yeux, qu'est due notre répugnance à concevoir l'éternité de l'univers. Car les éléments primordiaux auraient alors parcouru un nombre infini d'instants; et l'on ne peut comprendre qu'ils aient traversé des périodes, dont le terme ne se retrouverait pas, si on les franchissait à rebours. D'où un besoin d'arrêt, dans la série des causes ascendantes; besoin tout subjectif, né du concept artificiel d'un temps divisible à l'infini. Temps qui rend l'écoulement d'une minute, d'une seconde, aussi incompréhensible que celui de l'éternité, car minute, seconde contiennent, tout comme l'éternité, une infinité de moments successifs. Et l'on arrive à ce paradoxe qu'il y a mille, dix mille ans, un milliard d'années, on n'était pas plus proche de l'origine qu'aujourd'hui, la distance restant toujours infinie; et des milliers de siècles s'écouleront sans rien ajouter, un nombre infini ne pouvant s'accroître même d'une unité.

Secondes, minutes, années passent néanmoins; aux adversaires de l'éternité du monde, l'expérience inflige le plus cinglant démenti. La science moderne proclame, elle aussi, la relativité d'un temps, en qui certains virent un absolu. Que nos horloges accélèrent leur marche ou la ralentissent, que les astres en fassent autant, d'accord avec tous les mouvements terrestres, et l'heure pourra durer mille années ou moins d'une minute, sans éveiller notre attention. Pour connaître ces variations, un point de repère serait indispensable qui, jamais, ne participe au ralentissement ou à l'accélération générale. Ce point de repère nous ne l'avons pas; nulle preuve n'existe de l'uniformité du temps; Einstein ajoute qu'il ne saurait être commun à tous les mondes, ni à toutes les portions de matière. Quant à la durée psychologique, chacun remarque, par expérience, qu'elle s'allonge

dans la douleur et dans l'attente, pour se raccourcir dans la
joie; interminable si l'on souffre d'une rage de dents, la
journée paraît brève lorsqu'elle est pleine de distractions
et d'agréments. Ainsi rien ne demeure du spectre horrible
souvent agité devant les chrétiens, et qui correspond,
croient-ils, à l'éternité véritable.

Relative à la constitution physique et mentale de l'indi-
vidu la durée concrète, elle-même, s'avère un compromis
entre la conscience et le réel. Notre esprit n'est pas un
miroir où l'univers se reflète avec une passive fidélité;
comme les glaces déformantes, il modifie ce qu'il repré-
sente d'après les lois de sa complexion. Autant que de
l'objet perçu les sensations dépendent de l'organe qui perçoit; lunettes noires ou bleues donnent aux choses, quand on
les porte, une teinte qu'elles n'ont pas; une maladie de foie
suffit, pareillement, pour que tout devienne jaune. De l'espace, l'insecte minuscule possède une notion qui n'est point
celle de l'éléphant; le premier estime incommensurable ce
que le second juge étroit. Et nous trouvons énormes, dans
l'enfance, des hauteurs et des distances qui paraîtront mé-
diocres plus tard.

Nuance et vivacité d'une sensation dépendent tant de
celles qui la précèdent que de celles qui l'accompagnent;
peintres, musiciens, tailleurs aussi et cuisiniers le savent;
la température qui semble chaude, si l'on sort d'une pièce
froide, sera crue froide, si l'on sort d'une chambre sur-
chauffée. Entre nos perceptions et les causes extérieures
qui les provoquent, aucune ressemblance, le physicien s'en
porte garant; hors de nous les sons se réduisent à des
ondes, les couleurs à des vibrations; sensations acoustiques
ou lumineuses rappellent si peu les mouvements qui les
engendrent, qu'on attendit des siècles avant de soupçonner
que notes de la gamme ou teintes de l'arc-en-ciel n'étaient
séparées que par des modalités quantitatives; ignorants et
sauvages continuent de croire distincts, radicalement, des
couleurs ou des sons qui résultent d'une même excitation
fondamentale. Et une cause identique produit des sensations dissemblables, si les organes, soit périphériques soit
centraux, viennent à être modifiés: l'œil atteint de dalto-
nisme perçoit vert ce qui paraît rouge à l'œil ordinaire.

Ainsi le monde connu de nous n'est point la fidèle image
de celui qui existe au dehors. Comme la couleur et le son,
la durée n'est qu'apparence; une cause la provoque sans lui
ressembler, la succession des mouvements; ensemble elles

naissent, ensemble elles se modifient et, lorsqu'elles disparaissent, c'est toujours les deux en même temps. Filles du devenir, la durée physique traduit, de façon subjective, l'écoulement de l'univers qui nous environne, la durée psychologique celui de nos propres états mentaux. Perspective illusoire que nos cerveaux engendrent, l'éternité ne saurait avoir d'existence effective hors de nos esprits. Elle vaut comme symbole du mouvement illimité, mais n'a rien du réceptacle vide que les hommes ont faussement imaginé. Le temps n'est que modalité de l'être; loin de préexister aux réalités sensibles, c'est de leurs transformations qu'il provient. Et les problèmes qu'il soulève sont comparables à ceux qui naîtraient de la croyance à l'objectivité d'une montagne, que l'art du peintre aurait située dans le lointain. Écartons ces creux mirages, pour contempler le cycle évolutif, et toujours répété, des forces indestructibles dont notre globe paraît le résultat. De même l'on dut briser la voûte céleste, vain produit de l'imagination, pour parvenir à mesurer les gouffres prodigieux de l'univers, et la pesanteur ne devint explicable qu'après la disparition des vieilles notions de bas et de haut, évidentes pourtant aux yeux de nos pères.

.•.

CLARTÉS

Nul besoin d'une intervention divine pour expliquer comment les mondes naissent, meurent et revivent, sortis des éléments accumulés par leur propre destruction. D'immuables lois règlent, tout ensemble, et les mouvements des astres et ceux des électrons; atomes infimes, soleils énormes ne sont que les termes extrêmes d'une identique évolution. Croissance, maturité, décrépitude, toutes les phases du devenir chez les vivants, se retrouvent dans le monde inorganique. Et les plaines célestes sont peuplées de corps, aux divers stades d'une transformation qui ne s'achève que pour reprendre: nébuleuses faites de gaz simples et peu nombreux; étoiles bleues et blanches où sodium et magnésium apparaissent; étoiles jaunes, analogues à notre soleil et qui contiennent une grande variété de métaux: étoiles orangées et rouges, sphères lumineuses sur le déclin.

Puis ce sont les planètes, les unes à la surface non solidifiée encore ou fort peu, ainsi Jupiter, les autres mortes, comme la Lune, notre satellite et voisine. Peut-être Mars porte-t-il sur son sol des plantes, des animaux, une humanité proche de la nôtre; il est du moins probable qu'aux saisons chaudes il se couvre de végétation. Pour Vénus, on ne sait si des vivants, pareils aux nôtres, y pourraient subsister. Et nous ne disons rien des astres vagabonds: comètes, bolides, aérolithes, qui nous visitent nombreux. Des étoiles, subitement apparues et qui s'évanouissent, en général, après un éclat temporaire, nous font souvenir que des mondes meurent, que d'autres naissent, au sein de monstrueuses tragédies. Ainsi finira peut-être la terre, victime d'un incendie céleste, absorbée par un soleil éteint, heurtée par le simple noyau d'une comète; comme la Lune elle peut subir la lente agonie du refroidissement.

Quoi qu'il arrive, de sa substance, dissociée en impalpables éléments, des nébuleuses renaîtront, engendrant des étoiles nouvelles; et des planètes s'en détacheront, pour revivre les phases que connaissent présentement celles qui tournent autour du soleil. Déjà la science nous laisse entrevoir le pourquoi de ces résurrections sans fin. Un retour perpétuel aux forces indestructibles dont tout corps tangible paraît le résultat, une constante dématérialisation s'opèrent même sur notre globe, rejetant dans l'espace intersidéral une formidable masse d'invisible énergie. Qu'un choc se produise entre des soleils et la libération des composants atomiques s'accomplira avec une rapidité accrue. Puis grâce aux attractions électroniques, une matière nouvelle sortira des cendres impondérables que les vieux corps avaient laissées.

Sur le mécanisme producteur d'un tel phénomène on pourra discuter longtemps; sa réalité fut mise en évidence par des travaux récents. Une création continuelle, voilà l'explication des rayons cosmiques découverts par le professeur Millikan. Des électrons positifs et négatifs peupleraient l'espace intersidéral, en nombre incommensurable; diverses causes, pression, température, densité extrêmement faibles du milieu par exemple, provoqueraient leur condensation en atomes; ces derniers, après des transformations progressives, donneraient finalement les étoiles. Qu'une telle hypothèse cède bientôt la place à d'autres, qu'importe! Si les théories changent, les faits demeurent. Des atomes nouveaux se construisent avec les éléments d'atomes anciens, nous savons la chose indéniable; et voilà qui élimine, comme inutile, l'intervention d'un prétendu dieu créateur.

Notre terre, notre soleil ont succédé à d'autres terres, à d'autres soleils; sans fin d'autres encore leur succéderont; l'univers est éternel, au sens où l'on peut employer ce mot. La vie, née au fond des premiers océans, ne requiert pas davantage le vouloir d'un dieu tout-puissant; résultat d'une longue évolution dans ses formes présentes, elle exigea, dès l'origine, de multiples conditions physicochimiques. Toute planète, sans doute, la voit naître qui se trouve en situation de l'accueillir; et, comme les satellites obscurs des étoiles doivent se compter par millions, quelques terres au moins se rencontrent qui ressemblent à la nôtre, certainement. Au dire de savants, la vie serait possible même sur des planètes privées d'air, d'eau, de carbone, mais sous des formes chimiquement autres. Probable sur Mars, elle existe ailleurs que sur notre globe, puisqu'on a trouvé du graphite, corps résultant de la transformation des végétaux, dans quelques aérolithes.

Des cellules peu différenciées, des organismes rudimentaires tels sont les animaux dont les empreintes subsistent dans les schistes les plus anciens. Des crustacés trilobites, des poissons aux plaques osseuses leur succèdent, formes imparfaites que suivront des mollusques et des reptiles géants; quelques oiseaux, quelques marsupiaux se montreront également. Puis ce sera le règne des mammifères, et le nombre des espèces encore existantes ira sans cesse croissant. Enfin l'homme paraît, certes bien différent à l'origine de ce qu'il est aujourd'hui. Dans le monde végétal, aux algues, aux plantes très simples des premiers temps, une évolution parallèle substitua prèles, lycopodes, fougères arborescentes si caractéristiques des dépôts carbonifères. Cycadées et conifères vinrent après, précédant des espèces voisines des nôtres; alors le refroidissement chassa la flore tropicale de régions qui désormais ne pouvaient lui convenir, et ce fut l'ère des plantes actuelles variables selon les latitudes et les contrées.

Le progrès est donc la loi du monde organique; à une belle nature, une nature plus belle succéda toujours; l'histoire de la vie, dans son ensemble, laisse l'impression consolante d'un développement ininterrompu. Par quelles mutations, lentes ou brusques, ce progrès est-il accompli, quelles lois président à ce merveilleux devenir? Avec raison les biologistes en discutent; mais le tableau paléontologique des transformations survenues se trouve confirmé par les résultats, tant de l'embryogénie que de l'anatomie comparée.

A cette évolution notre espèce a participé. Grossière ébauche humaine, le lointain pithécanthrope se rapprochait du singe par son aspect bestial et sa faible capacité crânienne. Peu éloigné des anthropoïdes paraît encore l'homme chelléen de Mauer. Tête longue, front fuyant, menton en retrait, fortes arcades sourcillières persistent, atténuées, dans la race de Néanderthal; la capacité crânienne augmente, mais lentement. Avec l'homme de Cro-Magnon les anciens caractères simiens n'ont pas tous disparu, un perfectionnement s'avère, néanmoins, considérable; il se continue sous ses descendants magdaléniens. A l'époque néolithique, les races se multiplient et nous conduisent progressivement aux divers types actuels. La transformation, au cours de la période historique, s'est manifestée par une prédominence accrue du système nerveux.

Où s'arrêtera notre espèce dans sa prodigieuse ascension? Maîtresse du globe, elle en modifiera les conditions à son gré, pour peu que tardent les causes, et rien ne les montre prochaines, de sa propre disparition. Après les chaleurs des tropiques, elle a vaincu les glaces polaires; desséchant les marais, irriguant les déserts, creusant des ports, perçant des isthmes, elle est devenue la suprême dominatrice et de la terre et des océans. Ni les entrailles du sol, ni les hautes régions atmosphériques n'échappent à ses investigations; vapeur, électricité, machines de toutes sortes la servent avec docilité.

C'est une incomparable odyssée que la sienne; ne doutons pas de son triomphe final sur les éléments. Progressive diminution de la lumière et de la chaleur solaire, manque d'air ou d'eau, absence de ressources alimentaires ne la trouveront point désarmée. Physique, chimie, mécanique réaliseront, d'ici quelques millénaires, des prodiges supérieurs à ce que conçoit la plus délirante imagination. Et devant la biologie, à peine adolescente, s'ouvrent des espoirs illimités; contre les gaz toxiques, les poisons, l'asphyxie, le feu peut-être, on prémunira aussi facilement qu'on vaccine contre la maladie. Sans parler des races surhumaines que fera sortir de la nôtre, soit la science organique, soit l'évolution spontanée.

Puis rien ne prouve que notre espèce restera éternellement prisonnière de la pesanteur, que la terre ou du moins le système solaire la retiendront toujours dans l'orbe de leur attraction. Et la disparition de notre globe n'impliquera peut-être pas celle de nos descendants. Pour ces derniers, l'heure viendra de monter à l'assaut des étoiles, d'explorer l'univers, à la recherche de planètes sœurs, au sol neuf, à l'atmosphère vierge, aux luxuriantes végétations. Quels paysages étonnants, quelles beautés magiques, verront leurs yeux, quels êtres aussi se trouveront sur leur route, intelligents ou monstrueux? Et, durant leurs randonnées célestes, quel étrange frisson, en contemplant la terre, point minuscule et paisible qui scintillera dans le lointain. Rêve fou, impossible chimère, dira-t-on! Projet réalisable, assurent des savants très positifs. La superposition de fusées à tir successif ou des machines non encore inventées permettront, un jour, de se rire des lois de l'universelle gravitation.

Nous savons que les ondes électriques sillonnent les espaces interplanétaires; d'où l'idée de correspondre avec Mars par télégraphie sans fil. Mais il faudrait que l'habitent des êtres parents de l'homme, dont la civilisation soit assez haute, les récepteurs assez puissants pour que nos messages leur deviennent accessibles. Peut-être les échanges, rendus faciles entre les terres peuplées d'espèces raisonnables, doivent-ils aboutir, plus tard, à un savoir qui, émigrant d'astre en astre, connaîtra l'immortalité. Malgré la mort, lente ou brusque, de notre globe et des autres, à tour de rôle, un trésor intangible de vérités supérieures se transmettrait de monde à monde, procurant à ses détenteurs une incommensurable puissance. Et rien n'assure que la raison n'arriverait point à guider les astres, dans leur course inconsciente à travers l'espace et le temps. Au jeu aveugle des forces cosmiques serait substituée la finalité éclose dans le cerveau d'êtres intelligents, dans celui des hommes, si notre espèce se montre digne d'une mission jadis réservée à dieu.

Et qu'adviendra-t-il si notre race ou ses pareilles retombent, impuissantes, dans leur effort pour escalader le ciel? Hommes et terre disparaîtront, soit dans un cataclysme subit, soit après une agonie millénaire. De leurs éléments dissociés, des nébuleuses, des soleils, des planètes renaîtront et la vie, sur ces dernières reparue, aboutira, après de multiples métamorphoses, à de nouveaux organismes doués de raison. Si nos descendants ne parviennent à l'être, ceux-là ou d'autres seront les Titans vainqueurs; au cours des essais repris sans fin par la nature, il est impossible que jamais n'arrive le règne de l'esprit.

Mais que de souffrances, que d'angoisses servent de rançon aux tentatives avortées; souhaitons que la nôtre s'achève dans les joies d'une totale libération! Ces temps bienheureux nous ne pouvons les vivre que grâce aux anticipations de l'imaginative, grâce à l'art et à la poésie. Cœurs généreux, rêveurs magnanimes, vos espérances montent à bon droit vers des cieux nouveaux, des terres plus belles, des cités meilleures. D'un avenir lointain sans doute, mais d'un avenir qui ne peut manquer d'être, vous avez, étonnants prophètes, une divine intuition. En inspectant, au-dessus de vos têtes, le ciel plein d'étoiles, vous êtes dans le vrai plus que vos malheureux frères, vautrés dans la fange sordide des intérêts du moment.

Même après l'échec, quelque chose resterait, sans doute, du travail accompli par nous. Habitude et mémoire sont propriétés de la vie et de la matière. De l'œuf, simple goutte de protoplasme, un être sort, homme ou animal, qui, avec les instincts de l'espèce, reproduit les caractères particuliers des ascendants. Tout se passe comme s'il était doué de mémoire, comme s'il conservait, à l'état latent, des tendances et des souvenirs; du père le fils répète la démarche, le geste, le sourire; et le germe de l'ours ne donne ni une pieuvre ni un serpent, mais un ourson. Cependant, pour actives qu'elles soient, les habitudes héréditaires n'en demeurent pas moins privées de toute indication consciente sur leur origine première.

Et l'acier, lui aussi, se souvient de la trempe reçue, le fer de l'allongement subi, les divers métaux des transformations qu'on leur imposa. Variations du magnétisme, action de la température, des réactifs, des stupéfiants, fatigue et résistance prouvent encore que, dans l'inorganique, toute trace des états antérieurs ne disparaît pas; et combien proche du vivant, le cristal qui, dans un liquide approprié, se restaure et se multiplie, que l'on stérilise et que l'on tue à volonté. Partout se rencontre, dans la nature, l'état colloïdal, base et source de la vie; puis, comme les organismes, les minéraux évoluent, se transforment en espèces nouvelles et meurent, après une existence dont la longueur est prise pour de la pérennité.

Ainsi tombent les barrières qu'une science incomplète dressait entre la matière et le vivant, disons plus entre les corps bruts et la pensée, car toute vie implique, au moins à l'état élémentaire, des tendances et des besoins. Une continuité certaine relie le mental à l'organique et l'organique à la matière, dont la physique moderne n'admet plus l'inerte passivité. En ce réservoir de prodigieuses énergies, subsiste la trace indélébile de tout état éprouvé, le germe d'innombrables résurrections; mais nulle conscience n'apparaît à aucun moment.

Ni les soupirs du pauvre, ni les larmes des sacrifiés, ni le sang, qu'ont répandu à profusion les martyrs, ne disparaissent évanouis à jamais; pourtant de leur origine aucune souvenance ne demeure. Peut-être cette mémoire impersonnelle serait-elle productrice de faits encore mal expliqués. Comme la barque que le cours du fleuve entraîne, accélérant sa marche vers l'océan, ainsi l'homme qui œuvre dans le sens du devenir se sent appuyé, soutenu. Une immense sympathie l'environne; élément d'harmonie pour les forces cosmiques, qu'il guide dans leur course sans fin, il est porté par elles plus vite et plus loin que ne le permettrait sa seule énergie. D'où ces brusques remous, ces révolutions d'apparence subite qui, à de certaines heures, secouent le genre humain, le monde des vivants, peut-être l'univers dans son ensemble; d'où tant de faits, dans la vie des individus, qui paraissent dépendre du hasard exclusivement. On oublie que la direction des forces a son importance, en tout ordre de phénomènes; où le matelot inexpérimenté sombre, le bon pilote arrive à naviguer aisément.

Confiante, malgré les écueils, les nuits sombres, les tempêtes effroyables, et soucieuse de ta destinée divine, vogue donc, ô race humaine, le gouvernail tourné vers les clartés de l'infini!

L. BARBEDETTE

DU MÊME AUTEUR

Pour l'Ère du Cœur **0.50**

A la Recherche du Bonheur . . **0.50**

Le Règne de l'Envie **0.50**

Par delà l'Intérêt **0.50**

En Vente :

Bidault, Éditeur, 39, rue de Bretagne - Paris 3ᵉ
Compte Chèque Postal **239-02**

Groupe de Propagande par la Brochure

Au Lecteur,

Nous estimons que la diffusion des principes libertaires, que le libre examen et la juste critique de ce qui est autour de nous ne peuvent que favoriser le développement intégral de ceux qui nous liront.

Montrer combien l'autorité est irrationnelle et immorale, la combattre sous toutes ses formes, lutter contre les préjugés, faire penser. Permettre aux hommes de s'affranchir eux-mêmes d'abord, des autres ensuite ; faire que ceux qui s'ignorent naissent à nouveau, préparer pour tous, ce qui est déjà possible pour les quelques-uns que nous sommes, une société harmonieuse d'hommes conscients, prélude d'un monde de liberté et d'amour.

Voilà notre œuvre ; elle sera l'œuvre de tous si tous veulent, animés de l'esprit de vérité et de justice, marcher à la conquête d'un meilleur devenir.

Camarades. aidez-nous. en souscrivant de nombreux abonnements à « *La Brochure Mensuelle* ».

Pour la France: un an, 12 francs; six mois, 6 francs, donnant droit à 5 ou 10 brochures par mois.

Abonnement d'essai: un exemplaire chaque mois, 3 fr. 50.

Contre un timbre de 0 fr. 50, nous expédions 3 brochures différentes à titre de spécimens.

Pour les envois de fonds, utilisez toujours le chèque postal : *Bidault-Paris*, 239-02, c'est le moins cher, le plus certain.

Renseignez-vous sur les avantages accordés aux abonnés.

Imp. spéc. de la Brochure Mensuelle, 39, r. de Bretagne, PARIS-3^e
Le Gérant: TOUTAN.